EMMA
ET LA JAPANISCHE
MANGAKA

Tip
TONGUE

DES ROMANS QUI PASSENT PETIT À PETIT EN ALLEMAND

Tip Tongue, c'est un voyage en immersion
Le héros, un jeune Français comme le lecteur, part en voyage dans un pays étranger et vit une aventure aux côtés de personnages qui parlent... allemand. Comme dans la vraie vie !

Avec Tip Tongue, lire de l'allemand devient naturel
Pas besoin de dictionnaire ! Au début du roman, la langue étrangère se trouve seulement dans les dialogues, puis elle entre petit à petit dans la narration. Le lecteur comprend tout grâce aux stratégies des personnages pour communiquer. Le dernier chapitre est à 100 % en allemand.

L'audio-book
Chaque titre offre une version intégrale audio téléchargeable. Un véritable bain de langue avec des accents authentiques pour découvrir comment se prononce un mot en langue étrangère au moment où on le lit !

Tip Tongue se décline en anglais, espagnol, allemand... et pour tous les âges, de 8 à 17 ans.

La collection a obtenu en 2015 le **Label européen des langues**, récompensant l'excellence en matière d'apprentissage innovant. Chaque roman correspond à un niveau cible du **CECRL** (Cadre européen commun de référence pour les langues), sur lequel sont basés les programmes scolaires :

A1 (primaire et 6e), A2 (collège), B1 (lycée).

S'immerger

Se passionner

S'amuser

Être en empathie avec les personnages

Partager

Être encouragé, motivé

Être bienveillant

Répéter

Être créatif

Lire de bonnes histoires

S'améliorer

TIP TONGUE, C'EST UN ÉTAT D'ESPRIT : PLAISIR, CURIOSITÉ, CONFIANCE EN SOI !

Tip TONGUE

Une collection dirigée par Stéphanie Benson

Label européen des langues

Tip Tongue a obtenu en 2015 le Label européen des langues, récompensant des projets pédagogiques d'excellence en matière d'apprentissage et d'enseignement innovants des langues étrangères.

En partenariat avec l'UFR Langues et Civilisations
Université Bordeaux-Montaigne.

www.tiptongue.u-bordeaux-montaigne.fr

Université BORDEAUX MONTAIGNE

Illustrations de Pierre-Yves Cezard

ISBN : 978-2-74-852088-0

ISABELLE COLLOMBAT

EMMA ET LA JAPANISCHE MANGAKA

SYROS

Merci à Sonia Blin
et Rainer Schmuck.
I.C.

Kapitel Eins

WEIMAR

12 h 58. La neige tombait dru quand l'Intercity 2441 s'immobilisa en gare de Weimar. Dans l'un des compartiments de la voiture 7, Emma contemplait le paysage glacé, les gros flocons qui virevoltaient puis s'écrasaient entre les rails, au bord des quais. À l'heure qu'il était, ses copines de classe devaient manger au self du collège. Après, elles iraient en SVT. Emma, elle, était en voyage. Un long périple qui avait débuté la veille à Nantes. Plus elle se rapprochait de sa destination, Leipzig, à l'est de l'Allemagne, et plus son rêve devenait réalité. Son impatience grandissait. Dans moins de six heures, elle verrait en chair et en os la star japonaise du manga, Miki Kawase, son auteure préférée. Emma espérait décrocher une dédicace. Par sécurité, elle avait emporté l'intégralité de l'œuvre de Miki, dont, bien sûr, *Okinawa*, sa trilogie best-seller, et, par là même, elle avait pris le risque de se démettre l'épaule sous le poids des quatorze volumes rangés dans son sac de sport orange.

– Entschuldigung, darf ich bitte durch?

La femme assise jusque-là près de la fenêtre du compartiment s'était levée et adressait un sourire lumineux à Emma qui, involontairement, lui barrait le passage. La jeune fille, focalisée sur la question de la voyageuse, ne bougea pas. Elle avait le sentiment de ne pas en saisir le sens précis et la décortiqua. Elle avait bien sûr reconnu « Entschuldigung », « pardon », et « bitte », « s'il vous plaît ». Dans « Darf ich », elle identifiait le verbe de modalité « dürfen » : est-ce que je peux ? Mais elle ne trouvait aucun autre verbe. La préposition « durch », « à travers », devait suffire pour exprimer le fait que la femme demandait à passer.

– Darf ich durch? insista la femme en accentuant son sourire.

– Ja, natürlich! Entschuldigung! s'excusa Emma qui, en poussant son sac orange, replia les jambes sous la banquette.

Son père, installé en face d'elle, s'était déjà redressé pour permettre à la femme de sortir du compartiment. Stéphane n'avait pas eu besoin de connaître l'allemand pour la comprendre. Il regardait néanmoins sa fille de telle façon qu'Emma sut qu'il lui demandait de traduire. S'imaginait-il vraiment qu'en troisième année d'allemand sa fille pouvait jouer les interprètes ? Il savait bien que les résultats d'Emma dépassaient à peine la moyenne en allemand et qu'elle n'avait pas encore eu le déclic pour cette langue.

– Danke schön! les remercia la voyageuse.

– Bitte schön! sourit Emma, contente de savoir quoi répondre.

– Gute Reise! dit encore la passagère avant de partir.

– Danke schön! s'écria joyeusement la jeune fille. Auf Wiedersehen!

Emma découvrait avec étonnement qu'on pouvait établir le contact avec très peu de mots.

– La dame nous a souhaité bon voyage, dit la collégienne à son père, dès qu'ils furent seuls dans le compartiment.

Il lui répondit par un sourire. Puis Emma s'assit sur le siège qui s'était libéré près de la fenêtre et se mit à observer les allées et venues des gens sur le quai de la gare de Weimar. Un cosplayeur, un jeune homme fan de manga déguisé en Naruto, célèbre personnage de série, arrivait en trombe. Il devait lui aussi se rendre à la foire du livre de Leipzig. Une convention manga y attirait, chaque année, plusieurs dizaines de milliers de fans. Mais ce Naruto arrivait trop tard. L'IC 2441 s'apprêtait à redémarrer.

– Meine Damen und Herren, unser Zug fährt weiter nach Dresden, annonça le contrôleur dans les haut-parleurs. Nächster Halt : Leipzig Hauptbahnhof.

– Mesdames et messieurs, notre train part pour Dresde. Prochain arrêt : Leipzig, gare centrale, traduisit Emma pour son père, comme elle l'avait fait depuis le début, avec toutes les autres annonces des employés de la Deutsche Bahn, la DB, les chemins de fer allemands.

– Vorsicht bei der Abfahrt.

– Attention au départ.

Mais quand Emma regarda son père, elle se rendit compte qu'il s'était subitement endormi, la bouche ouverte. Elle lui trouva un air enfantin. Malgré ses quarante-cinq ans, son père lui semblait toujours bien moins âgé et bien moins sérieux que la plupart des autres adultes qu'elle connaissait. Sans doute parce qu'il était distrait, rêveur. Il était, cependant, capable de se mettre en quatre pour aller décrocher la lune pour Emma. Ce voyage le prouvait bien. Huit jours auparavant, Stéphane avait remis à sa fille une grande enveloppe kraft en guise de cadeau d'anniversaire, avec, à l'intérieur, deux billets de la Leipziger Buchmesse, la foire du livre de Leipzig, et deux bracelets vert pomme, sésames pour accéder à la master class de Miki Kawase. Un merveilleux cadeau. Emma en avait pleuré. Comment son père avait-il deviné ?

– Je m'intéresse un peu à toi, lui avait-il confié.

Pour Stéphane, rien ne semblait jamais impossible et certainement pas de parcourir près de 1400 kilomètres pour emmener sa fille voir son auteure préférée de manga, quitte à lui faire manquer trois jours de cours au collège.

– Je n'avais pas le choix, s'était-il justifié. La tournée mondiale de Miki n'a qu'une date en Europe : le 14 mars, à Leipzig. Sinon, c'était le 23 à Québec au Canada !

– Tu as déjà acheté les billets d'avion pour Leipzig ?

– Nous irons en train, l'avait-il surprise un peu plus encore. Quitte à voyager, autant voir les paysages que nous allons traverser. On fera le voyage Nantes-Leipzig en deux jours.

– Et si tu avais choisi le Canada, on aurait pris le bateau, alors ?

– Très certainement !

Et ils avaient ri.

Kapitel Zwei

DER SCHWARZFAHRER

— Noch jemand zugestiegen?

Emma se redressa au moment où elle entendit le contrôleur dans le couloir. Plutôt que de procéder à une vérification systématique des billets de tous les passagers, il posait la même question à tue-tête après chaque arrêt : « Est-ce que quelqu'un est monté ? » Puis il poinçonnait les billets des voyageurs qui se signalaient.

Emma et son père avaient pris l'Intercity trois heures plus tôt à la gare centrale de Francfort-sur-le-Main. Le contrôleur, un barbu aux yeux rieurs, entrouvrit néanmoins la porte coulissante du compartiment :

– Ich habe Sie schon kontrolliert, nicht wahr?

Emma se mordit la lèvre inférieure. L'homme avait parlé si vite qu'elle crut d'abord n'avoir rien compris, à part, à la fin, la négation « nicht » et l'adjectif « wahr », « vrai ». Pas vrai ?

– Wie bitte? demanda-t-elle timidement.

– Ich habe Sie schon kontrolliert? répéta-t-il.

Elle se focalisa sur deux mots : « schon » qui voulait dire « déjà » et « kontrolliert » à la fin de la phrase qui, logiquement, devait être le participe passé du verbe « kontrollieren », précédé dans la phrase par l'auxiliaire « haben », avoir. Emma n'était pas sûre d'elle : en règle générale, en allemand, les verbes au participe passé étaient reconnaissables au préfixe « ge- ». Là, il n'y en avait pas. Emma pensa au verbe « fotografieren », « photographier », et se rappela aussi que les verbes dont l'infinitif se finissait en « -ieren » formaient leur participe sans « ge- ». « Kontrollieren » ressemblait au verbe français « contrôler ». Et le « Sie » était le vous de politesse.

Oui, il les avait déjà contrôlés.

– Ja, genau, balbutia-t-elle en fouillant dans sa poche pour lui montrer les billets que son père lui avait confiés.

Elle aimait bien ajouter « genau » qui voulait dire « exactement ».

– Nein, danke, ich brauche Ihre Fahrkarten nicht, dit-il en joignant le geste à la parole.

Il veillait maintenant à bien articuler, et elle réussit à identifier chaque mot : « nein, danke », « non, merci » ; le verbe « brauchen », « avoir besoin de » ; « Ihre », le pronom possessif à la troisième personne du pluriel ; « Fahrkarten », « billets » ; la négation « nicht ». Bref, le contrôleur n'avait pas besoin de leurs billets.

– Ich weiß, dass Sie keine Schwarzfahrer sind.

Il lui adressa un clin d'œil et elle inclina la tête en signe d'approbation. Dès que le contrôleur fut parti, elle se dépêcha, cependant, de sortir un petit traducteur électronique de son sac.

Elle avait reconnu « Ich weiß, dass », « Je sais que », puis le verbe « être » à la fin, et la négation « kein ». Elle tapa, sur le clavier de son appareil, le mot « Schwarzfahrer » composé de « Schwarz », « noir », et de « Fahrer », qui, pour elle, voulait dire « conducteur ». De quoi s'agissait-il ? Un conducteur noir ? Bizarre ! Heureusement, son traducteur lui donna vite la solution : « voyageur sans billet ». « Schwarz » n'était pas seulement une couleur, mais qualifiait également ce qui était illégal, clandestin, comme en français quand on évoquait le travail au noir. Et « Fahrer » ne désignait pas seulement celui qui pilotait un engin, mais celui qui se déplaçait. Le contrôleur savait qu'Emma et son père n'étaient pas des voyageurs clandestins ! Bien sûr !

La porte se rouvrit. Emma découvrit avec surprise la tignasse blonde poussin de Naruto, le cosplayeur qu'elle avait vu courir sur le quai et qui avait donc réussi à monter dans l'Intercity.

– Entschuldigung... commença-t-il, essoufflé. Ist hier noch ein Platz frei?

Derrière sa panoplie de héros de manga et son maquillage souligné de khôl et de mascara, le garçon, qui devait avoir entre dix-huit et vingt ans, présentait un beau regard chocolat.

– Ja, se contenta de répondre Emma, un peu hésitante : oui, c'était libre.

Le garçon avait l'embarras du choix. Il vint s'asseoir juste en face d'Emma, à côté de la fenêtre.

– War der Kontrolleur schon da?

Elle reconnut le verbe « sein », « être » au prétérit. Est-ce que le contrôleur avait été là ? Est-ce qu'il était passé ?

– Ja, bredouilla-t-elle.

Elle supposa qu'il posait la question parce qu'il n'avait pas de billet.

– Sind Sie ein Schwarzfahrer? l'interrogea-t-elle.

Le regard du jeune homme s'illumina. Naruto éclata de rire. Emma ne put s'empêcher de l'imiter. Elle avait été un peu trop indiscrète.

– Fährst du nach Leipzig? lui demanda-t-il en retour.

Emma observa qu'il se permettait de la tutoyer alors qu'elle l'avait vouvoyé. Sans doute à cause de leur différence d'âge. Il avait au moins cinq ou six ans de plus qu'elle.

– Ja, ich fahre nach Leipzig, répondit Emma.

Ouf, elle avait su aligner cinq mots pour dire que, oui, elle allait à Leipzig. Avait-il remarqué qu'elle lisait un manga et la prenait-il pour une fan, comme lui ? Elle repoussa du bout des pieds son sac de sport orange rempli des livres de Miki Kawase un peu plus loin sous la banquette. Ce garçon avait l'air plutôt sympa, mais elle voulait éviter de susciter sa curiosité. Elle appréhendait de poursuivre la conversation en allemand. S'exprimer dans une langue étrangère était encore plus ardu que d'essayer de la comprendre. En plus, le garçon l'intimidait. Non seulement il était plus âgé qu'elle, mais il était aussi très beau.

– Darf ich dich was fragen? Warum fährst du denn nach Leipzig?

Cette fois-ci, il se montra moins familier avec elle. Au lieu de lui demander directement pourquoi elle allait à Leipzig : « Warum fährst du nach Leipzig? », il avait utilisé la formule « Darf ich dich was fragen? », « Est-ce que je peux te demander quelque chose ? ». À croire qu'il avait décelé son appréhension et qu'il ne voulait pas l'effaroucher.

– Ich fahre zur Buchmesse, dit-elle d'un trait en se rappelant un exercice sur les prépositions en cours d'allemand, « zu + datif ».

– Woher kommst du? demanda-t-il alors.

Son traducteur lui rappela que le pronom « woher » permettait d'interroger sur le lieu d'où l'on venait.

– Aus Frankreich? supposa-t-il.

– Ja, se contenta-t-elle d'acquiescer.

Elle venait de France et ne savait pas comment abréger cet échange.

– Ich heiße Tobi. Und du? poursuivit le garçon.

Il avait un joli prénom.

– Ich heiße Emma, articula-t-elle en plongeant les yeux dans son manga, ayant bien conscience que son attitude manquait d'élégance.

– Und ich bin Stéphane!

La collégienne releva immédiatement le regard sur son père qui, son guide de voyage sur les genoux ouvert à la page *lexique allemand*, venait fièrement de s'immiscer dans leur conversation.

– Mein Vater, expliqua Emma en piquant un fard.

– Ich freue mich, Sie kennenzulernen, Stéphane! s'exclama chaleureusement Tobi en tendant la main au père d'Emma qui la serra avec enthousiasme.

– Papa, tu peux répondre « Ich freue mich auch », ça veut dire, « moi aussi, je suis enchanté », souffla la jeune fille.

– Ich freue mich auch, Tobi, répéta alors Stéphane, mais d'une façon si étrange et si drôle qu'ils s'esclaffèrent tous les trois.

Kapitel Drei

ACHTUNG GLEIS VIERZEHN!

Emma apprit à peu près tout sur Tobi grâce aux réponses qu'il apporta aux nombreuses questions de Stéphane. « Ich bin zwanzig Jahre alt », il avait vingt ans. « Meine Eltern wohnen in Weimar », ses parents habitaient à Weimar. « Ich studiere Musikwissenschaft an der Universität in Leipzig. » Il était étudiant en musicologie à Leipzig, la ville des grands noms de la musique classique, comme Bach, Wagner, Schumann.

Lui, Tobi, préférait le jazz.

– Und du? finit-il par demander à la jeune traductrice débutante.

– Ich? rougit Emma. Ich bin dreizehn Jahre alt und ich wohne in Nantes.

– Gut! Und...

Mais Emma l'interrompit pour faire diversion – elle détestait parler d'elle :

– Und das Cosplay?

Emma se sentait, cependant, un peu plus à l'aise depuis que son père participait à la conversation.

– Naja, das Cosplay, commença Tobi. Es ist nur eine Wette!

Emma ne put masquer sa surprise tout en vérifiant le sens du mot « eine Wette », « un pari ». Qu'est-ce que Tobi voulait dire par là ?

– Eine Wette? Was meinst du?

– Ich liebe Mangas. Ich bin aber kein Cosplay-Fan.

Elle expliqua à son père que Tobi aimait les mangas, mais qu'il n'était, en réalité, pas un fan de cosplay. Un autre point commun avec elle.

– Ich habe einen Nebenjob auf der Buchmesse, continua-t-il.

Tobi travaillait à la foire du livre où il avait un « Nebenjob ». Emma décomposa « neben », « à côté », et « job » qui se disait pareil en français, mais elle ne saisit pas le sens du mot.

– Tobi a sûrement ce qu'on appelle en France un job d'étudiant, l'aida Stéphane, quelques heures par-ci, par-là, en fonction de ses études.

– Ja, crut comprendre Tobi. Meine Kollegen und ich haben gewettet, dass wir als Cosplay-Fans zur Arbeit gehen. Nur aus Spaß!

– Il a parié avec ses collègues qu'ils iraient travailler déguisés en cosplayeurs, expliqua Emma à son père. Juste pour rire !

Stéphane voulut réagir, mais l'employé de la DB annonça dans les haut-parleurs :

– In wenigen Minuten erreichen wir Leipzig Hauptbahnhof.

– Nous arrivons dans quelques minutes à la gare centrale de Leipzig, traduisit Emma pour son père.

Tobi se leva. Avant de quitter le compartiment, il salua Emma et Stéphane, occupés à rassembler leurs affaires.

– Es war nett, euch kennenzulernen. Viel Spaß in Leipzig. Tschüss!

Le mot « nett » signifiait « agréable », « sympa ». En clair, Tobi avait été heureux de faire leur connaissance et leur souhaitait de bien s'amuser à Leipzig.

– Danke schön! le remercia Emma joyeusement.

Elle venait finalement de réaliser qu'elle était tout à fait capable de discuter en allemand. C'était peut-être le début d'un déclic !

– Mach's gut! répondit Tobi.

– Gleichfalls. Tschüss! s'empressa-t-elle de dire, heureuse de savoir, grâce à un dialogue appris en classe, qu'on pouvait répondre à « Mach's gut », qui signifiait « Bonne chance ! Amuse-toi bien ! », « Gleichfalls », « pareillement ».

De l'autre côté de la vitre, elle découvrit l'impressionnante gare de Leipzig : une vaste structure métallique couverte de verre et de bois enjambant des dizaines de quais.

Emma se retrouva vite dehors dans une cohue indescriptible de voyageurs. Elle aperçut plus loin Tobi au milieu d'une petite troupe colorée de cosplayeurs. Il y avait un garçon en Sailor Moon avec une jupette bleue et une perruque de longs cheveux blonds, un samouraï en kimono, une écolière japonaise en uniforme, une domestique en tablier et aussi une Pikachu en combinaison jaune.

Emma jubilait. Dans moins de quatre heures, elle serait face à Miki Kawase. Le bonheur absolu. Subitement, elle réalisa, avec horreur, qu'elle avait oublié de récupérer son sac de sport orange sous la banquette du compartiment. Elle fit instantanément volte-face et expliqua en toute hâte le problème à son père. Elle voulait rebrousser chemin, mais Stéphane lui ordonna de ne pas bouger. Au milieu de la bousculade, il lui confia leurs deux bagages et grimpa dans le train, quand un carillon retentit dans les haut-parleurs. Emma se figea.

– Achtung Gleis vierzehn! dit une voix.

Emma chercha le numéro du quai et vit que c'était le 14. Pas de doute : cette annonce la concernait directement.

– Intercity nach Dresden, bitte steigen Sie ein, die Türen schließen selbsttätig. Vorsicht bei der Abfahrt!

Le départ du train à destination de Dresde était imminent, les voyageurs étaient priés de monter et avertis de la fermeture automatique des portes. Sur le quai, deux employés de la Deutsche Bahn n'avaient cependant pas l'air très pressés de grimper dans le train, et Emma pensa que son père aurait le temps d'en redescendre. Elle sentit la panique l'envahir quand elle entendit les portes claquer et se verrouiller. Stéphane n'avait pas dû comprendre que le train allait repartir. Soudain, à travers les vitres, elle le vit débouler et lui faire signe. Il agitait son téléphone portable qu'il colla ensuite contre son oreille. Le cœur d'Emma se serra aussitôt. Elle avait rangé le sien avec ses mangas dans le sac orange sous la banquette. Elle se força à sourire tant que son père put la voir. Quand il disparut avec le train, elle décida de ne pas pleurnicher sur son sort, mais de réfléchir à la situation. Elle jeta un regard autour d'elle. Sur le quai à présent déserté, seul le groupe de Tobi s'était attardé et chahutait.

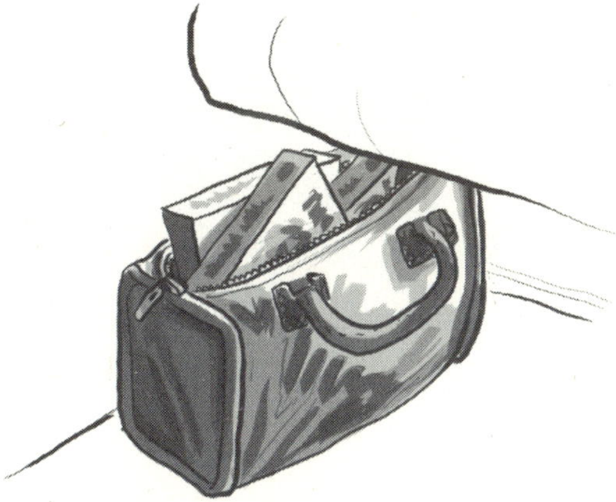

Kapitel Vier

TOBIS HANDY

Emma remontait le quai, transportant tant bien que mal la grosse valise à roulettes de son père en plus de son propre sac, quand elle croisa le regard chocolat de Tobi dans le groupe des cosplayeurs. Il fronça les sourcils en l'apercevant.

– Was ist passiert? lui lança-t-il en allant à sa rencontre. Wo ist dein Vater?

Il avait tout de suite deviné qu'il s'était passé quelque chose et demandait où était son père. Mais Emma, émue et intimidée, ne savait comment lui répondre : les mots en allemand s'emmêlaient dans sa tête et aucun ne put sortir de sa gorge.

– Kann ich dir helfen? fragte er leise.

Tobi s'était posté devant elle et lui parlait doucement. Elle saisit tout de suite le sens de sa question : Est-ce que je peux t'aider ?

Soudain, elle eut une idée simple, mais lumineuse, et tout devint plus clair dans son esprit.

– Hast du ein Telefon? wollte Emma wissen.

– Du meinst ein Handy?

Elle se souvint qu'un « handy » était un téléphone portable.

– Du brauchst ein Handy?

– Ja, antwortete sie, en pensant : « brauchen » égale « avoir besoin de ».

– Wozu? fragte er.

Elle sortit son traducteur de poche, qu'elle avait heureusement gardé dans son blouson. « Wozu » signifiait « pourquoi ».

– Wozu brauche ich ein Handy? wunderte sie sich.

– Was willst du mit einem Handy machen? reprécisa Tobi.

Étrange question, s'étonna-t-elle intérieurement. Téléphoner, évidemment. Parler avec son père.

– Ich will telefonieren, erklärte sie. Ich will mit meinem Vater sprechen.

Il hocha la tête et ne se fit pas prier. Il fouilla au fond de la pochette qu'il tenait en bandoulière puis lui tendit un téléphone à clapet et à touches vieux comme le monde.

– Tobis Handy! lachte Pikachu, la fille en combinaison jaune qui venait de les rejoindre avec les autres cosplayeurs, hilares en regardant le portable du jeune homme.

Emma se demanda si elle n'avait pas sauté à pieds joints dans la version allemande d'un film de Miyazaki, peuplé d'êtres bizarres et surnaturels...

– Es funktioniert aber sehr gut, erwiderte Tobi.

Il avait répliqué que son portable fonctionnait très bien. Emma n'en demandait pas plus pour appeler son père.

– Ich rufe meinen Vater an, sagte sie, en n'oubliant pas de mettre à la fin la particule séparable du verbe. Er ist im Zug...

Mince, « rester » se disait « bleiben ». Mais son participe passé ? Elle tenta :

– Er ist im Zug gebleibt?

Tobi écarquilla les yeux.

– Ach! Scheiße! fluchte er. Er ist im Zug geblieben?

Au participe passé, « bleiben » devenait donc « geblieben ». Quant à « Scheiße », « merde », c'était le seul gros mot allemand qu'elle connaissait.

– Echt? Ihr Vater ist im Zug nach Dresden! sagte ein Cosplayer.

« Echt » signifiait « vraiment ». Elle s'en souvenait.

– Ich hatte meine orange Tasche mit den Mangas vergessen, erklärte Emma, qui savait que l'infinitif et le participe passé de « vergessen », « oublier », étaient identiques.

– Du hast deine orange Tasche im Zug vergessen, sagte Tobi, qui commençait à comprendre ce qui s'était passé.

Aucun des amis de Tobi ne manqua de réagir. Elle essaya de les suivre avec son traducteur de poche.

– Mist!

« Mist », c'était « zut » !

– Das gibt's doch nicht!

Une expression qui, d'après le traducteur, voulait dire « impossible ».

– Verdammt!

Une autre variation de « Mist ».

– O Gott!

Mon Dieu !

– Naja, so schlimm ist es nicht, sagte noch Pikachu, qui voulait réconforter Emma en lui assurant que la situation n'était pas si grave.

Kapitel Fünf

NETZPROBLEME

– C'est Tobi qui m'a prêté son téléphone, papa ! s'exclama Emma dès qu'elle entendit la voix de son père.

Puis un grésillement se produisit et Emma ne put entendre Stéphane lui parler que sous forme de mots isolés et de syllabes.

– Tu... quai... Tobi... va... at... pas... comme... foire... la...

– Tu peux répéter, papa ?

Emma éloigna le téléphone de son oreille. La friture sur la ligne était vraiment insupportable.

– Papa ? Tu m’entends ?

– Fschhh, crac, fschuiii, drrr…

– Papa ? demanda-t-elle en haussant la voix.

La communication s’interrompit. Emma laissa un message sur la boîte vocale :

– Papa, ne t’inquiète pas pour moi. Je ne bouge pas jusqu’à ton retour.

Intérieurement, la jeune fille ne se sentait absolument pas aussi décontractée. Mais elle était déterminée à se débrouiller.

– Hast du mit deinem Vater gesprochen? fragte Tobi langsam.

Le jeune homme était revenu vers Emma. La plupart de ses collègues avaient fini par quitter le quai, pressés de rejoindre la foire du livre.

Elle secoua la tête. Non, elle n’avait pas parlé à son père, mais elle ne savait plus comment dire « impossible » en allemand. Elle devait garder son sang-froid au lieu de s’énerver. Elle se rappela qu’il suffisait de faire précéder « möglich », « possible », du préfixe « un- » qui indique le contraire.

– Das war unmöglich, erklärte sie.

– Hat die Verbindung nicht geklappt?

– Ich verstehe nicht, sagte Emma, pour dire qu'elle ne comprenait pas.

– War die Leitung gestört?

Elle reconnut le verbe « stören », « déranger ». Son traducteur lui indiqua que « die Leitung » voulait dire « la direction, la conduite ». À la tête qu'Emma fit, Tobi se crut obligé d'ajouter des bruitages. Elle pensa aussitôt à l'expression « il y a de la friture sur la ligne ». Elle en déduisit que c'était ce dont Tobi lui parlait et que justement « die Leitung », c'était aussi « la ligne ».

– Ja, antwortete sie. Die Leitung war gestört.

Effectivement, la conversation avait été interrompue.

– Er hat im Zug Netzprobleme, behauptete der Student. Er ist in einem Funkloch.

Elle réussit à saisir, sans son traducteur, le sens de « Netzprobleme ». En allemand, les mots se décomposaient très facilement. Là, elle identifia « Netz » et « Probleme ». « Das Netz », c'était le réseau. Tobi affirmait que Stéphane avait des problèmes de réseau dans le train. Même jeu avec « Funk », « radio », et « Loch », « trou ». Mais là, elle eut recours à son traducteur pour comprendre qu'une fois collés, ces deux mots voulaient dire « zone hors réseau ».

– Sonst hätte er dich schon zurückgerufen, glaubte er.

Elle repéra en tout début de phrase « sonst », « sinon », et le verbe à la fin qu'elle mit à l'infinitif : « zurückrufen ». La particule « zurück » impliquait de faire l'action en sens inverse. Avec elle, le verbe « rufen », « appeler », changeait de signification et devenait « rappeler ». Tobi croyait que, si le réseau avait fonctionné, son père l'aurait déjà rappelée.

– Na los, komm schon! sagte er. Folge mir!

Tobi lui faisait signe de le suivre. Elle hésita. Tobi était très sympathique, mais pouvait-elle lui faire confiance ? Il s'était déjà posté devant des panneaux d'information quand elle le rejoignit. Il regardait le tableau des horaires des trains imprimé sur un poster jaune intitulé « *Abfahrt* », « *Départ* ». Il posa son doigt sur l'Intercity 2441 dans lequel était resté Stéphane. Le train s'arrêtait encore une fois avant Dresde. Son père descendrait-il à la prochaine gare ou au terminus à 15 h 38 ?

– Ich vermute, dass dein Vater in Dresden umsteigen wird, sagte Tobi.

Emma frissonna. Dès qu'elle ne comprenait pas du premier coup, elle avait tendance à se décourager. Elle respira profondément et mit la phrase à plat pour la décortiquer. Elle identifia le verbe à la fin : « umsteigen », conjugué avec l'auxiliaire « werden » au futur. « Umsteigen » était composé du verbe « steigen » qu'elle connaissait, « monter », et de la particule « um » qui indiquait le changement, le fait de tourner. « Umsteigen » devait vouloir dire « changer de train ». « Dass » étant placé la plupart du temps après un verbe d'opinion, elle remplaça le verbe « vermuten » qui lui était inconnu par « denken », « penser ». Tobi pensait que son père prendrait à Dresde un train qui le ramènerait à Leipzig.

– Von Dresden aus wird er problemlos und schnell zurückfahren können, erklärte er.

« Zurückfahren », c'était « repartir », au futur. Quant au mot « Problem », avec le suffixe « -los », il devenait un adjectif qui voulait dire « sans problème ». Tobi avait donc expliqué que Stéphane reviendrait de Dresde rapidement et sans difficultés. Rien n'était moins sûr. Le garçon ne savait pas que le père d'Emma était tellement distrait que toutes les aventures pouvaient lui arriver.

Faute d'avoir un Smartphone, Tobi entraîna Emma vers le bureau *Information* de la gare. Elle le laissa expliquer la situation à l'employée de la Deutsche Bahn qui se mit à pianoter sur son ordinateur. Emma avait l'impression d'avoir déjà rencontré cette femme. Mais où ?

– Ich drucke Ihnen die Anschlussmöglichkeiten aus, informierte sie sie.

Elle s'empara de la feuille que venait de cracher une grosse imprimante laser puis la tendit à Tobi qui prit le papier avec les horaires des trains entre Dresde et Leipzig.

– Ich danke Ihnen, sagte der junge Mann.

– Danke schön, sagte auch das Mädchen, se rappelant subitement qui lui évoquait l'employée de la DB.

Celle-ci ressemblait, trait pour trait, à la sorcière Béatrice de la série *Umineko no Naku Koro ni*. Cette découverte la glaça.

– Es dauert mindestens drei Stunden, bis Ihr Vater wieder in Leipzig ist, bestätigte die DB-Mitarbeiterin.

Tobi se tourna vers Emma. Avait-elle bien compris ? La femme lui confirmait qu'elle en avait pour trois heures d'attente jusqu'au retour de son père.

– Sie kann ruhig bei mir warten, fügte die Frau hinzu. Hier, hinter dem Schalter ist ein Stuhl. Den kann sie nehmen.

La collégienne en conclut que « Schalter », c'était le guichet. « Hinter » signifiait « derrière ».

La femme avait donc ajouté qu'Emma pouvait prendre la chaise derrière le guichet.

– Was meinst du? fragte Tobi.

Emma fit la grimace. La perspective de rester avec le clone de la sorcière Béatrice ne l'enchantait clairement pas. Elle n'eut pas besoin de le dire à Tobi. Il l'emmena un peu plus loin après avoir remercié l'employée de la DB.

– Es gibt eine wunderschöne Buchhandlung am Bahnhof, schlug er vor. Sie haben auch Getränke und Snacks.

Il lui suggérait l'existence d'une merveilleuse librairie dans la gare. Sa particularité, comme le comprit Emma après avoir consulté son petit traducteur, était de proposer des boissons (« Getränke ») et des snacks. Une librairie-café, en quelque sorte !

BUCHHANDLUNG
GETRÄNCKE
SNACKS

Kapitel Sechs

ROSA WOLKE

En quittant les rayonnages de livres pour rejoindre, en haut d'un escalier, l'espace café de la librairie, Emma découvrit, de chaque côté des marches, une surprenante haie d'honneur. Des géants de papier représentaient les stars du manga, dont, bien sûr, la star préférée d'Emma. Cette Miki Kawase-là, en carton, portait sur les yeux le même masque rose que celui de la vraie mangaka : un loup bordé de dentelle qu'elle n'enlevait jamais pour vivre incognito. Emma l'en admirait d'autant plus. Miki avait tout : beauté, talent, succès, simplicité.

La collégienne française alla s'asseoir à côté de Tobi et admira la vue sur la ville qu'offraient de très hautes fenêtres sur toute la largeur de la librairie. La neige couvrait les toits des maisons et, au sol, les piétons, les vélos, les voitures circulaient entre les petits monticules glacés de neige sale et tassée. Plus loin sur la droite, elle remarqua un mur peint, joyeusement multicolore, qui tranchait avec le reste de la ville.

– Ein Künstler hat gemalt, was 1989 in Leipzig passiert ist, lui expliqua Tobi.

Un artiste avait peint ce qui s'était passé à Leipzig en 1989.

– Hast du von der friedlichen Revolution gehört? fragte er.

Emma pensait avoir compris, mais elle vérifia sur son traducteur. Le verbe « hören von » voulait bien dire « entendre parler de quelque chose », en l'occurrence de la révolution pacifique. Elle connaissait le sujet parce que son père lui avait souvent raconté ses souvenirs de 1989. En novembre, cette année-là, il était à Berlin-Ouest chez des copains quand il avait assisté à la chute du Mur qui coupait la ville en deux et qui interdisait depuis près de trente ans aux habitants de Berlin-Est de passer de l'autre côté. Un événement inouï. Ce mur que tout le monde croyait éternel symbolisait la division de l'Allemagne en deux États depuis la fin de la Seconde Guerre mondiale. Il y avait d'un côté la RFA, une démocratie appartenant au bloc capitaliste, le camp des Américains, et de l'autre la RDA, un pays totalitaire du bloc communiste, dominé par l'URSS. À la fin des années 1980, des manifestations avaient eu lieu dans plusieurs pays d'Europe de l'Est pour réclamer la démocratie. En RDA, les gens s'étaient rassemblés dans des églises puis avaient manifesté dans la rue au péril de leur vie pour exiger plus de liberté. Leipzig avait été l'une des villes les plus actives de cette révolution pacifique que les Allemands appelaient « die Wende », « le tournant », et qui avait abouti à la chute du Mur et du régime totalitaire communiste. Quelques mois plus tard, l'Allemagne avait été réunifiée en un seul État.

– Möchtest du es nochmal versuchen?

Emma ne trouva pas « nochmal » dans son traducteur. Mais comme Tobi lui tendait son portable et que « noch » voulait dire « encore », elle en conclut que le jeune homme lui proposait d'essayer à nouveau d'appeler son père.

– Vielleicht klappt es jetzt, fügte er hinzu.

– Klappt? fragte Emma.

– Vielleicht funktioniert es?

– Ja, danke. Warum nicht?

Emma composa le numéro de son père mais en vain. Elle rendit son portable à Tobi.

– Ich muss mein Handy aufladen, bemerkte der junge Mann.

Il lui montra le niveau de batterie du téléphone et ajouta :

– Der Akku ist fast leer.

Emma devina que « der Akku », c'était la batterie, et que le verbe « aufladen » voulait dire « charger ». Il ne manquait plus que ça !

– Mein Ladegerät ist leider zu Hause. Und ich bin mir fast sicher, dass hier niemand ein passendes Ladegerät hat.

Emma poursuivit ses associations de mots. Dans « Ladegerät », il y avait « Gerät », l'appareil, et « Lade » qui avait la même racine que le verbe « aufladen ». Le « Ladegerät », c'était le chargeur. Tobi l'avait laissé chez lui et personne, ici, ne devait avoir de chargeur compatible.

– Der Kellner kommt an unseren Tisch! l'avertit Tobi en voyant arriver le serveur avec son plateau.

– So, bitte schön! s'exclama, en effet, le serveur parvenu à leur table quelques secondes plus tard. Eine Apfelschorle und eine Rosa Wolke! Dazu zwei Leipziger Lerchen!

Le serveur déposa devant chacun une assiette avec un gâteau rond recouvert d'un croisillon.

– Sie riechen prima! s'enthousiasma Tobi, qui joignit le geste à la parole pour montrer qu'il appréciait l'odeur sucrée des deux pâtisseries. Die Lerchen sind eine Spezialität aus Leipzig!

Emma tapa le mot « Lerchen » sur son traducteur et obtint « alouettes ». Quand elle leva la tête, Tobi imita le chant d'un oiseau.

– Eine Lerche ist ein Vogel? fragte Emma.

– Ja. Früher haben die Leute diese Vögel gejagt und gegessen, antwortete der Kellner.

Emma reconnut les participes passés des verbes « jagen », « chasser », et « essen », « manger ». « Früher » voulait dire « autrefois ». D'après le serveur, les gens mangeaient jadis des alouettes.

– Der König verbot achtzehnhundertsechsundsiebzig die Lerchenjagd...

Décomposer les nouveaux mots était à présent un jeu pour Emma. Dans « Lerchenjagd », il y avait donc « Lerchen », « alouettes », et « Jagd », la « chasse ». Elle connaissait le verbe « verbieten », interdire, qui faisait « verbot » au prétérit. Tout à coup, les choses devenaient claires. Le roi avait interdit la chasse aux alouettes en... Ouf ! Le serveur lui tendit son carnet où il avait écrit la date : 1876.

– Und als Erinnerung daran hat man dieses Gebäck erfunden.

« Erfunden » était aussi le participe passé d'un verbe fort, « erfinden » – un dérivé de « finden », « trouver » – qui voulait dire « inventer », selon le traducteur. « Erinnerung », c'était le souvenir. On avait donc inventé ce petit gâteau rond pour garder l'histoire en mémoire.

– Es besteht aus Mürbeteig...

Emma chercha la traduction de « Mürbeteig », « pâte brisée ».

– Mandeln und Nüssen.

« Amandes » et « noisettes ». Miam !

– Und was ist Apfelschorle? fragte Emma, qui ne se souvenait plus de l'article « der », « das » ou « die ».

– Apfelsaft und Mineralwasser, antwortete der Kellner.

– Die Apfelschorle ist aber nicht für dich, erwiderte Tobi. Du kriegst die Rosa Wolke!

Le serveur posa la boisson rose devant la jeune fille, qui réalisa soudain que l'équivalent de « Rosa Wolke » en français, c'était « Nuage rose », sa boisson préférée. Comment Tobi le savait-il ?

– Ich trinke gern Rosa Wolke. Wie weißt du es?

– Woher weiß ich, dass du gern Rosa Wolke trinkst? wiederholte Tobi und korrigierte auch den Satz.

Elle nota qu'il avait remplacé le pronom interrogatif « wie » par « woher ». Elle avait déjà rencontré « woher », qui interrogeait sur la provenance. Là, il s'agissait de mettre l'accent non sur la façon dont Tobi avait obtenu son information mais sur la source de cette information : d'où savait-il qu'elle aimait bien boire un « Nuage rose » ?

– Bist du denn kein Miki-Kawase-Fan? dit-il.

Aucun doute : elle était bien une fan de Miki Kawase. Tobi était visiblement lui aussi un de ses lecteurs, la boisson préférée de l'héroïne d'*Okinawa* étant un « Nuage rose », composé de lait de soja, de sirop de rose, de framboises, de rondelles de banane et d'un soupçon de gingembre.

– Und? Schmeckt's?

Si elle aimait ? Oui, tout était délicieux : le Nuage rose et le petit gâteau à la pâte d'amande. Super-cadeau !

– Ja, antwortete sie. Super Geschenk! Vielen Dank, Tobi.

– Reicht das? Oder hast du noch Hunger? Oder Durst?

Si cela lui suffisait ? Emma éclata de rire.

– Danke schön, Tobi! Aber, nein, es ist genug.

Le jeune homme avait déjà bien assez fait pour elle. Elle n'allait pas abuser de sa gentillesse.

Kapitel Sieben

DANKE FÜR ALLES

– Hast du schon eine Karte für die Messe und das grüne Armband für die Masterclass? fragte Tobi.

– Ja, sprach Emma mit vollem Mund.

Elle avait déjà un billet pour la foire et le bracelet vert pour la master class. Enfin, elle rectifia : son père avait tout.

– Mein Vater hat alles...

– Die Fans von Miki warten schon seit Stunden vor dem Saal auf der Messe, behauptete der Student.

Les fans de Miki attendaient déjà depuis des heures devant la salle à la foire. Emma sentit un nouveau poids sur sa poitrine. Elle aurait dû y songer. Le bracelet vert ne suffisait pas. Il fallait arriver tôt pour prendre sa place dans la file d'attente. Si son père était de retour dans trois heures, il leur resterait à peine une heure pour poser les valises à l'hôtel et filer. Emma n'était même pas certaine que son père arriverait à temps.

– Mensch, ich muss gleich los! rief Tobi plötzlich.

« Mensch », c'était l'être humain. Mais dans ce contexte plutôt un synonyme de « Scheiße! ».

Le jeune homme leva les yeux de sa montre. Il devait partir.

– Ist die Messe...

Emma ne savait plus dire « loin » en allemand. Mais Tobi comprit :

– Nein, mit der Straßenbahn ist es nicht weit. Es dauert weniger als zwanzig Minuten.

La foire n'était pas loin, à moins de vingt minutes. Mais il fallait prendre la « Straßenbahn ». « Bahn », c'était le train. « Straßen », les rues. Le train des rues, ce devait être le tram.

– Mit der Tram 16, bestätigte Tobi.

Dann stand er auf.

– Wart' mal!

Il lui demandait de l'attendre.

Tobi se dirigea vers le bar où le serveur lui donna un plan de Leipzig qu'il déplia ensuite devant Emma.

– Hier ist der Hauptbahnhof! Da, die Messe.

Il sortit un stylo et marqua la gare centrale et la foire d'un gribouillage.

– Ich kreuze dir auch die wichtigen Sehenswürdigkeiten an.

« Kreuz », c'était la croix. En ajoutant « en » à la fin, on transformait le nom en verbe. « Wichtig » signifiait « important ». Dans « Sehenswürdigkeiten », il y avait le verbe « sehen », « voir », l'adjectif « würdig », « digne de », et le suffixe « -keit » qui changeait l'adjectif en nom. Tobi faisait des croix sur ce qu'il fallait voir à Leipzig.

– Du kannst ruhig hier auf deinen Vater warten.

Elle comprit qu'elle pouvait attendre son père ici, dans la librairie. Puis Tobi lui montra du doigt un homme derrière le bar qui leur sourit.

– Der Chef der Buchhandlung ist damit einverstanden, erklärte er.

Le responsable de la librairie avait donné son accord.

Puis le jeune homme adressa un clin d'œil à Emma.

– Tschüss, Emma! Vielleicht sehen wir uns wieder auf der Messe.

– Vielleicht. Auf Wiedersehen, Tobi! Danke für alles!

La collégienne contempla la librairie, puis la ville sous les fenêtres. Désormais, elle était vraiment seule. Mais soudain, Tobi réapparut. Il tenait son portable contre l'oreille.

– OK. Bye...

Il se dirigea vers Emma et lui tendit son portable.

– Dein Vater, Emma!

– Allô, ma chérie ?

Kapitel Acht

GANZ ALLEIN

Transie, Emma remonta la fermeture éclair de son blouson. Es schneite nicht mehr und der Himmel war wolkenlos. Das Mädchen studierte aufmerksam den Stadtplan, den Tobi ihr gegeben hatte. Elle éprouvait une légère appréhension mais la joie de partir à la découverte de Leipzig l'emportait. Elle était reconnaissante à son père de l'avoir jugée capable de rejoindre leur hôtel. Chargée des deux bagages, elle traversa la place Willy-Brandt pleine de monde et prit la Ritterstraße. Das Mädchen erreichte ziemlich schnell die Nikolaikirche. Une église très connue pour avoir été le point de ralliement des manifestants de la révolution pacifique de l'automne 1989.

Emma wusste, dass sie bald auf die Grimmaische Straße und danach auf die Thomasgasse gehen sollte. Elle aurait aimé s'aventurer dans les petites rues, mais elle s'en tint à son plan et vérifia plusieurs fois qu'elle marchait bien dans la bonne direction. À un moment, une passante s'arrêta à sa hauteur.

– Du hast ein schönes Gesicht! sagte sie.

Emma leva la tête, étonnée, vers la femme à chignon qui venait de lui dire qu'elle avait un beau visage.

– Danke schön! antwortete Emma.

– Hast du dich verirrt? murmelte die Dame d'une drôle de voix chevrotante.

La femme lui avait demandé si elle s'était perdue. En la regardant, Emma fut pétrifiée. La passante était le sosie de Yubaba, la sorcière acariâtre du *Voyage de Chihiro*, son film culte.

À moins qu'elle ne fût Zeniba, sa sœur jumelle. Dans le doute, Emma répondit :

– Ich weiß schon, wo ich hin muss.

Puis, tout en se félicitant d'avoir su répondre immédiatement, elle fila tout droit, le plus loin possible. Un écart qui l'obligea à demander son chemin. Elle choisit pour cela un adolescent qui avait des airs de Ken'ichi, le héros de Taniguchi dans *La Montagne magique*.

– Es ist nicht weit. Und ganz einfach! Siehst du die Bäckerei dort? Du gehst geradeaus in diese Richtung und dann nach links. Wenn du die Thomaskirche siehst, bist du angekommen.

– Kannst du bitte wiederholen? Ich habe nicht alles verstanden.

– Bist du Französin? fragte der Junge.

Sie stimmte zu.

– OK, kein Problem! Für dich wiederhole ich es ganz langsam.

Elle l'écouta avec attention, repéra la boulangerie et se sentit prête à poursuivre son chemin.

– Vielen Dank, antwortete Emma.

Elle aurait bien discuté avec ce garçon au regard doux, mais elle n'avait pas de temps à perdre. Elle s'éloignait dans la direction indiquée, quand le garçon la rappela :

– He, du da, die Französin!

Emma se retourna.

– Die Information kostet fünf Euro, sagte er.

– Sehr lustig! erwiderte Emma.

Le garçon se mordit les lèvres et sourit.

– Willst du dich nicht mit mir unterhalten?

Lui aussi aurait bien voulu discuter un moment avec elle.

– Es tut mir Leid. Ich habe keine Zeit. Danke schön.

Sie ging schnell weg. Elle n'avait qu'un objectif : retrouver son père et aller à la master class de Miki Kawase.

Kapitel Neun

KOMISCHE FRAGE!

Emma inspira profondément. De toute sa jeune vie, elle n'était jamais entrée seule dans un hôtel. Sie kam an der Rezeption an und eine junge Frau mit platinblonden Haaren begrüßte sie mit einem breiten Lächeln.

– Sind Sie Emma Sapin? fragte sie.

Das Mädchen nickte.

– Ihr Freund Tobi hat uns eben angerufen.

La réceptionniste marqua une pause pour laisser le temps à Emma de comprendre ce qu'elle venait de dire. La jeune fille focalisa son attention sur le participe passé à la fin de la phrase et se souvint de « anrufen », verbe fort à particule séparable, synonyme de « telefonieren ». Puis elle réalisa que l'employée de l'hôtel lui avait parlé de son ami Tobi. Le jeune homme avait dû se présenter ainsi au téléphone. Elle songea qu'elle serait heureuse qu'il le devînt vraiment.

– Ihr Vater wird später ankommen. So ist es, nicht wahr?

« Ankommen » était un autre verbe fort à particule séparable. La femme voulait qu'elle lui confirmât que son père arriverait plus tard.

Emma nickte. Innerlich freute sie sich.

Einige Augenblicke später war sie in einem schönen Hotelzimmer, das ihr Vater reserviert hatte. Sie griff sofort zum Telefon. Elle avait promis à Stéphane de l'appeler dès son arrivée. Comme elle s'y attendait, elle tomba sur sa boîte vocale et lui laissa un message avant de s'affaler sur l'un des deux lits, épuisée. Le compte à rebours occupait désormais toutes ses pensées. Encore une heure et demie jusqu'au retour de son père. Il leur resterait moins de trente minutes pour aller à la master class de Miki, sachant que le trajet durait au moins vingt minutes en tram. Difficile d'être zen. Il le fallait pourtant.

Emma se redressa et prit la commande de la télé. Elle zappa d'une chaîne à l'autre puis tomba, stupéfaite, sur des images de Miki Kawase. Elle saisit quelques mots au vol, et même une phrase qui lui remémora sa discussion avec Tobi : « Die Fans von Miki warten schon seit mehreren Stunden vor dem Saal auf der Messe. »

Elle voyait des fans en train de faire la queue devant une salle de la foire du livre. Certains semblaient avoir campé sur place. Comment Emma pouvait-elle sérieusement s'imaginer assister à la master class de la célèbre mangaka en arrivant juste à l'heure ? Sie hätte schon auf der Buchmesse sein müssen. Im Idealfall hätte sie gestern ankommen müssen. Ihr Vater hatte zwar die Messekarte und die Armbänder, die den Zugang zur Manga-Konvention und zur Mikis Masterclass ermöglichten. Aber war das genug, um den japanischen Star ganz aus der Nähe zu sehen? Emma fühlte sich sehr traurig und brach in Tränen aus. Sie weinte lange, bis das Telefon klingelte.

– Ma chérie, c'est papa !

Elle sécha immédiatement ses larmes.

– Je suis à l'hôtel, annonça-t-elle.

– Très bien. Moi, je suis dans la voiture-restaurant du train. Formidable !

La ligne grésillait toujours un peu.

– Je voulais te poser une question, continua Stéphane. Toi qui lis des mangas, tu connais des mots en japonais ?

Emma fronça les sourcils. Pour la première fois, elle se mit à penser en allemand : « Komische Frage! », « Drôle de question ! ».

– Pourquoi est-ce que tu me demandes ça ?

– Emma, est-ce que tu sais dire « bonjour » en japonais ?

– Trop facile. Konnichiwa !

– Et « je m'appelle Stéphane », par exemple ?

– Stéphane desu. Je crois. Enfin, ça se prononce « dess ».

– Merci, ma fille. Super. Bon, à tout à l'heure !

– Mais papa...

Stéphane avait raccroché. Il exagérait : il n'avait pas pris le temps d'élaborer avec elle la moindre stratégie pour assister à la master class. Pour rien au monde, Emma n'aurait voulu un autre père. Mais là, elle lui en voulut clairement : avait-il oublié le but de leur voyage ? Se moquait-il éperdument que sa fille manque sa rencontre avec la star interplanétaire du manga ? Maintenant, il restait moins de deux heures à Emma pour arriver à la foire, et son père semblait ne pas réaliser à quel point la situation était critique. Elle devait le lui rappeler.

Sie wählte sehr schnell seine Telefonnummer. Sie hörte aber sofort die Ansage der Mailbox. Kurz danach klingelte das Telefon nochmal.

HOTEL
TAXI

Kapitel Zehn

JETZT ODER NIE

– Hallo Emma?

Es war Tobis Stimme.

– Ich habe es eilig, aber ich muss dir schnell etwas sagen.

Elle s'étonna de ne pas avoir à traduire mot à mot pour comprendre que Tobi était pressé. Les mots pour lui répondre sortirent tout seuls de sa gorge :

– Aber bitte, Tobi, nicht zu schnell!

Tout en le priant de ne pas parler trop vite, elle chercha son traducteur au cas où elle buterait sur un mot. Elle se rappela subitement qu'elle l'avait rangé dans la poche intérieure de son blouson.

– Eben habe ich mit deinem Vater gesprochen.

Tobi versuchte langsam zu sprechen.

– Ja, sagte Emma. Was hat er gesagt?

– Du musst sofort zur Messe kommen. Hast du verstanden?

Dans la précipitation, elle laissa tomber sur le sol son petit traducteur qu'elle venait de récupérer. Voulait-il dire qu'elle devait se rendre tout de suite à la foire ? Elle n'était plus certaine du sens de l'adverbe « sofort ».

– Sofort? Du meinst jetzt?

– Jetzt oder nie.

Maintenant ou jamais.

– Warum hat er mir nichts gesagt?

– Was weiß ich? Keine Zeit gehabt. Oder er hat wieder Netzprobleme gehabt.

– Werde ich Miki sehen?

– Deshalb rufe ich dich an.

– Deshalb?

Elle tenta de ramasser son traducteur du bout de ses orteils, mais heureusement, Tobi formula autrement ce qu'il venait d'exprimer :

– Ja, Emma, komm schnell, wenn du Miki sehen willst.

Natürlich wollte sie Miki sehen!

– Ein Taxi holt dich ab. Vor dem Hotel in fünf Minuten. Ich wiederhole : ein Taxi holt dich in fünf Minuten vor dem Hotel ab.

Emma legte auf. Sie hatte das Gefühl, als würde auf einmal alles ganz schnell gehen. Sie war noch nicht fertig. Sie wollte ihre Schuhe anziehen, als das Telefon erneut klingelte. Sie hoffte, dass es ihr Vater war. Sie wollte ihn fragen, was sie machen sollte. Sollte sie im Hotelzimmer bleiben? Oder sollte sie mit dem Taxi fahren, das Tobi ihr bestellt hatte?

– Frau Sapine? sagte eine unbekannte Stimme.

Elle ne put s'empêcher de rire intérieurement en entendant son nom de famille prononcé à l'allemande. En outre, en France, on ne l'avait jamais appelée « Madame ».

– Ja.

– Ihr Taxi ist da.

– Ich komme gleich, sagte Emma einfach.

Sie erinnerte sich, dass sie « herunter » am Ende des Satzes vergessen hatte. Es war aber zu spät.

La voiture beige du taxi empestait le tabac, l'after-shave, le moisi et les vieilles chaussettes. Emma crut qu'elle allait tomber dans les pommes. Ses pensées la tiraillaient. Sie fragte sich, ob es richtig war, Tobi zu vertrauen. Sie kannte ihn nicht wirklich. Aber die Lust, Miki zu sehen, war sowieso größer als die Angst. Naja, vielleicht hatte sie Glück. Der Student arbeitete ja auf der Messe : wahrscheinlich war er der Einzige, der ihr helfen könnte. Emma hatte nur momentan keine Ahnung, wie. Mais elle était pleine d'espoir.

– Woher kommen Sie? fragte der Taxifahrer plötzlich und drehte sich um.

Der Mann sprach mit einem sehr starken Akzent. Er war kein Deutscher und kam wahrscheinlich aus einem sonnigen Land. Er trug einen dichten Bart unter der Nase und sah nett aus. Er erinnerte Emma an Super Mario, die weltbekannte Videospiel-Figur.

Das Mädchen war sehr erstaunt : die Leute, die sie in Leipzig traf, schienen alle direkt aus der Welt der Mangas und der Comics zu kommen.

– Aus Frankreich. Und... Sie, woher kommen Sie?

– Aus der Türkei.

Er lächelte ihr zu und Emma begriff, dass sie angekommen war. Der Taxifahrer wartete sicherlich darauf, dass sie bezahlte. Er gab ihr aber ein Zeichen, dass sie aussteigen konnte.

– Keine Sorge, alles schon bezahlt!

WiL KOMME
zuR
Leipziger
Buchmess

Kapitel Elf

NUR EIN SITZ FREI

Surmontant une vaste dalle de béton, une spectaculaire halle de verre abritait la foire du livre de Leipzig, à l'écart de la ville, dans un paysage glacé. Emmitouflés dans des blousons et de grosses écharpes, bonnets enfoncés sur le crâne, des visiteurs affluaient de toutes parts. Es waren Kinder, Familien, Schüler, Studenten, Senioren, Freunde, Buchhändler, Bibliothekare, Lehrer und natürlich auch viele Cosplayer mit ihren bunten Mangakostümen. Die Mehrheit der Leute schien aus der überfüllten Straßenbahn der Linie 16 auszusteigen.

Emma fühlte sich klein und sehr einsam in der Menschenmenge. Dazu hatte sie weder Geld noch Handy. Das Mädchen wusste nicht, wo sie genau auf Tobi warten sollte.

– Hallo Emma! rief plötzlich jemand.

Sie drehte sich um und entdeckte einen jungen Mann, den sie nicht kannte.

– Entschuldigung, aber...

Sie bekam Angst. Wer war das? Woher wusste er, wer sie war?

– Ich bin's. Tobi!

– Ach du bist es! wunderte sie sich.

Der Student trug sein Narutos Kostüm nicht mehr, sondern das Polo shirt von der Buchmesse. Er sah noch viel schöner mit dunklen Haaren aus.

– Habe ich dich erschreckt? fragte er. Sehe ich so furchtbar aus?

– Nein! murmelte Emma.

La surprise passée, la jeune fille était si contente de revoir Tobi qu'elle aurait eu envie de lui faire la bise, mais elle se retint. Ici, en Allemagne, cela n'avait pas l'air d'être dans les mœurs.

Tobi lui mit autour du cou une carte attachée à un lien en plastique fluo.

– Jetzt los! befahl er.

– Wo gehen wir hin? fragte Emma.

– Mikis Masterclass. Hast du es vergessen? erwiderte Tobi. Folge mir!

Emma folgte ihm.

Le nez sur sa montre, l'étudiant semblait aussi préoccupé qu'elle par sa rencontre avec la mangaka. Il l'entraîna sous l'immense verrière de la foire et ils prirent à droite puis montèrent quatre à quatre les marches d'un escalator. En arrivant à l'étage, Emma découvrit, fascinée, les écrans géants et les installations gigantesques des télés allemandes.

Tobi se mit à marcher à une telle allure que la collégienne française dut trottiner puis courir pour pouvoir le suivre. Le jeune homme lui faisait traverser de grands espaces, longer des couloirs, emprunter des passages couverts. Elle découvrait pour la première fois ce qu'était une foire du livre, un endroit gigantesque avec des livres partout, mais des animations aussi. Grâce à la carte de Tobi, ils passaient où ils le voulaient, même par des endroits marqués d'un sens interdit.

Enfin, l'étudiant ralentit sa course, et le cœur d'Emma se mit à battre si fort contre sa poitrine qu'elle crut qu'il l'entendait. Emma sah die vielen Manga-Fans, die wahrscheinlich seit Stunden hier standen. Wieviel waren es? Fünfzig, siebzig oder viel mehr? Sicherheitsleute kontrollierten sie.

Un de ces vigiles laissa passer Tobi et Emma. Ils remontèrent sans problème la longue file d'attente des fans de Miki. Un sourire se dessina sur les lèvres d'Emma. Elle avait l'impression de vivre un rêve éveillé.

Sie kamen endlich vor dem Saal an. Emma sah, dass der Raum schon fast voll war.

– Die Direktorin der Manga-Konvention denkt über eine zweite Masterclass nach, erklärte ihr Tobi. Aber im Moment versucht sie, Miki anzurufen. Miki ist noch im Zug oder im Auto und es gibt Netzprobleme.

– Da bist du endlich, Tobi! rief eine lustige junge Frau. Und du bist sicher die Französin! Hallo! Ich bin Katja, die Direktorin der Manga-Konvention. Ich freue mich, dich kennenzulernen.

– Hallo Katja! antwortete das Mädchen. Ich freue mich auch.

Sie fühlte sich wie ein VIP.

– Tobi hat viel von dir und deinem Vater erzählt.

Emma wurde plötzlich rot.

– Und? Klappt es? fragte Tobi die Direktorin. Ich habe ihrem Vater angeboten, seiner Tochter zu helfen und vor allem versprochen, dass sie einen guten Platz kriegt. Darf sie rein?

Hatte Emma gut verstanden? Tobi hatte mit Stéphane gesprochen und die Idee gehabt, einen Platz für sie zu besorgen. Wie nett von ihm!

– Es ist nur noch ein Sitz frei, sagte Katja. Ich nehme dich mit, Emma! Komm schnell!

Das Mädchen folgte der Frau und saß in der Mitte der dritten Reihe des Saals. Als Emma sich umdrehte, war Tobi nicht mehr da.

Dank ihm hatte Emma einen sehr guten Platz bekommen. Sie hatte aber leider keinen einzigen von Mikis Mangas dabei. Ihre Bücher waren in der orangen Sporttasche bei ihrem Vater. Sie dachte, dass Stéphane es nicht mehr rechtzeitig schaffen würde.

– Ich bin Sofie! Und du? sagte plötzlich das blonde Mädchen, das neben Emma saß.

Sie sah wie Tchii, eine Figur vom Manga *Chobits*, aus.

– Ich heiße Emma.

– Ich komme aus Dänemark. Und du, woher kommst du, Emma?

– Aus Frankreich.

Damit begann ihre Diskussion. Sie sprachen natürlich über Miki Kawase und ihre Mangas. Nach einer Stunde fragte Emma :

– Hast du ein Handy, Sofie?

– Na klar! Brauchst du mein Handy?

Emma nickte und Sofie gab ihr das Telefon. Emma wählte sehr schnell Stéphanes Telefonnummer.

– Miki, Miki! riefen plötzlich die Fans hinten im Saal.

– Guck mal! sagte Sofie, Miki ist da! Klasse!

Die Französin träumte nicht. Sie sah Miki. Der Star war ganz in rosa gekleidet und trug über den Augen ihre gewohnte rosafarbene Halbmaske. Sie war wunderschön. Emma war total glücklich. Der Star grüßte seine Fans. Emma konnte weder schreien noch gestikulieren. Sie war wie paralysiert.

– Emma? hörte sie plötzlich ihren Vater am Telefon.

Im gleichen Moment sah sie die Gruppe von mehreren Personen, die neben Miki stand.

Emma erkannte Katja, die Direktorin. Stéphane war auch dabei. Was machte Emmas Vater da mit der Mangaka? Er sprach gerade am Telefon.

– Papa!

Sie wollte ihm antworten. Die Leitung war plötzlich gestört. Sie konnte sowieso nichts sagen. Sie war irgendwie total geschockt.

– Was ist los? fragte Sofie.

– Nichts, antwortete Emma.

Sie gab Sofie ihr Handy zurück.

– Danke schön, Sofie!

Emma vit Miki monter seule sur la scène. Le petit groupe de personnes qui l'accompagnaient, dont Stéphane, disparut, et la master class démarra aussitôt. Emma tenta d'oublier son père. Il serait toujours temps de l'interroger plus tard.

Miki Kawase commença par raconter ses débuts difficiles dans le métier et expliqua comment, les premières années, elle avait dû s'accrocher et résister au découragement. Non seulement les éditeurs lui opposaient des refus, mais certains lui recommandaient de renoncer à son rêve.

Emma buvait les paroles de la star. Miki lui semblait encore plus belle et plus lumineuse que dans les images qu'elle avait vues sur Internet. La jeune fille était aux anges. Le temps passa trop vite et Katja, la directrice de la convention, arriva sur scène pour annoncer la fin de la première master class. Les dédicaces auraient lieu plus tard, après un tirage au sort, compte tenu de l'affluence. Miki quitta la scène.

– Emma! rief Tobi genau in diesem Moment.

Der Student stand plötzlich wieder vor Emma.

– Hast du meinen Vater gesehen? fragte sie. Oder war es eine Illusion?

– Nein, dein Vater ist wirklich mit Miki, antwortete er. Er wartet auf dich.

Neben Emma machte Sofie ganz große Augen.

– Habe ich richtig gehört? sagte das Mädchen aus Dänemark. Was machst du denn noch hier? Geh schnell hin!

Und Emma folgte Tobi.

– Kannst du mir erzählen, was passiert ist? fragte sie.

– Ich weiß nur, dass dein Vater mit Miki im Zug war.

Kapitel Zwölf

DAS PERFEKTE GESICHT FÜR DIE MANGAKA

Wenige Minuten später, standen Tobi und Emma jetzt in einem Nebenzimmer.

– Wart' mal hier! Miki kommt gleich. Verstanden?

Emma nickte.

– Ich muss los! sagte er ihr. Viel Spaß mit dem Manga-Star!

Der Student ging weg. Sie wollte ihm noch etwas sagen.

– Tobi! rief Emma. Vielen Dank!

– Bitte schön! Wir sehen uns noch später! Du musst dann mir alles erzählen!

Das Mädchen lächelte. Sie verstand noch nicht, was passierte.

– Emma! hörte sie bald.

Es war ihr Vater. Er kam zusammen mit der Mangaka und erklärte Emma, dass Miki mit ihr sprechen wollte.

– Hallo Emma! sagte Miki.

– Konnichiwa Miki! antwortete Emma.

Das Mädchen verstand jetzt, warum ihr Vater japanische Wörter gebraucht hatte.

– Ich freue mich sehr, Emma.

– Ich freue mich auch, Miki.

– Dein Vater hat viel von dir erzählt. Er hat mit mir ein bißchen auf englisch, deutsch und japanisch gesprochen!

– Sie sprechen Deutsch?

Emma war sehr überrascht.

– Ich spreche sogar besser Deutsch als Englisch, behauptete die Mangaka.

Emma dachte: eine Japanerin und eine Französin, die auf Deutsch diskutierten! Es war toll und lustig.

– Meine Eltern hatten in Tokyo deutsche Freunde, Helmut und Birgit, erklärte die Mangaka. Als ich ein Kind war, habe ich mit ihnen Deutsch gelernt. Heute sind Helmut und Birgit alt geworden und sie wohnen nicht mehr in Japan, sondern in Dresden.

– Ich vermute, dass Sie nach Dresden gefahren sind, um Helmut und Birgit zu sehen...

– Ja, genau.

– Sie sind mit dem Zug aus Dresden gekommen und Sie waren im Zug mit meinem Vater? fragte das Mädchen.

Emma sah Stéphane an : er verstand nichts, sah aber ganz froh aus.

– Dein Vater hatte deine orange Tasche im Speisewagen des Zuges vergessen, antwortete Miki.

– Typisch für meinen Vater! Aber was ist der Speisewagen?

– Im Speisewagen serviert man Getränke und Snacks wie im Restaurant, erklärte die Mangaka. Ich habe die Tasche unter einem Tisch gefunden.

Ich habe darin alle meine Bücher gesehen. Das war eine Überraschung!

Emma wurde ganz rot.

– Ich wollte sofort wissen, wer diese Tasche vergessen hatte. Und plötzlich kam dein Vater.

Katja trat in den Raum ein.

– Entschuldigung! Es geht los, jetzt für die zweite Masterclass!

– Ja, natürlich! antwortete die Mangaka. Also, Emma...

– Ist es möglich, dass Sie mir bitte noch schnell einen Manga signieren? fragte das französische Mädchen.

– Schon gemacht! Im Zug habe ich Zeit gehabt.

Miki zeigte Emma auf die orange Sporttasche voller Bücher, die Stéphane trug.

– Klasse! Super Geschenk! Vielen Dank!

Das Mädchen fühlte sich sehr glücklich.

– Darf ich dich etwas fragen? rief Miki plötzlich.

– Na klar!

– Kannst du nach der zweiten Masterclass auf mich warten?

Emma wunderte sich.

– Ich möchte dich fotografieren.

– Warum? fragte Emma.

– Ich will dich porträtieren. Ich brauche ein Gesicht für eine Figur und du hast genau das perfekte Gesicht, das ich brauche. Bist du einverstanden? Du wirst dein Gesicht in meinem nächsten Manga sehen...

Emma machte die Augen ganz groß auf.

– Jetzt geht es los! rief Katja nochmal.

Die Mangaka folgte der jungen Direktorin und ging in den Saal der Masterclass.

Emma dachte auf Deutsch : « Schlafe ich? Träume ich oder was? Das kann doch alles nicht wahr sein! »

Als sie ihren Vater ansah, lachte sie los.

Ihr Vater war wie immer, irgendwo in seiner eigenen Welt. Und das war die Realität, keine Illusion.

L'auteur

Après des études franco-allemandes à Sarrebruck et Paris, puis l'École de journalisme (ESJ) à Lille, Isabelle Collombat a commencé sa vie professionnelle comme reporter radio.

Elle collabore depuis une quinzaine d'années avec l'éditeur allemand Klett Verlag pour imaginer et fabriquer des livres scolaires, des histoires et des BD.

Depuis *Dans la peau des arbres*, paru en 2006, elle a écrit plusieurs romans pour enfants et adolescents publiés par les éditions du Rouergue, Actes Sud Junior et les éditions Thierry Magnier.

Pour choisir son roman Tip Tongue

☺ ☺ ☺ ☺ / 8-10 ANS / DÈS LE CE2-CM1-CM2 / A1 INTRODUCTIF

• ANGLAIS

Jeanne et le London Mystery
CLAUDINE AUBRUN
ET STÉPHANIE BENSON
LONDRES (Angleterre)

Florimond à la recherche du Oxford Treasure
YVES GREVET
OXFORD (Angleterre)

Blanche-Neige et la Magic Frog
STÉPHANIE BENSON

Boucles d'Or et les Strange Bears
STÉPHANIE BENSON

Valentin et les Scottish Secret Agents
CLAUDINE AUBRUN
ET STÉPHANIE BENSON
ÉDIMBOURG (Écosse)

Jeanne et le Fake London Manuscript
CLAUDINE AUBRUN
ET STÉPHANIE BENSON
LONDRES (Angleterre)

☺☺☺☺ / 10-12 ANS / DÈS LE CM2-6e-5e / A1 DÉCOUVERTE

• ANGLAIS

Hannah et le trésor du Dangerous Elf
STÉPHANIE BENSON
DERRY (Irlande)

Qui a vu le Phantom of the Opera?
CARINA ROZENFELD
SYDNEY (Australie)

Tom et le secret du Haunted Castle
STÉPHANIE BENSON
AIRTH (Écosse)

La malédiction du Welsh Red Dragon
STÉPHANIE BENSON
ABERGAVENNY (Pays de Galles)

Noah et l'énigme du Ghost Train
STÉPHANIE BENSON
DUBLIN (Irlande)

Wiggins, Sherlock et le Mysterious Poison
BÉATRICE NICODÈME
LONDRES FIN XIXe

• ALLEMAND

Martin et la Mysteriöse Kreatur
ROLAND FUENTÈS
MITTENWALD, HEIDELBERG (Allemagne)

Quatre fantômes im neuen Berlin
ROLAND FUENTÈS
BERLIN (Allemagne)

• ESPAGNOL

Thomas et le misterio Dalí
GILLES FONTAINE
CADAQUÈS (Espagne)

☺☺☺☺ / 12-14 ANS / DÈS LA 5e-4e-3e / A2 INTERMÉDIAIRE

• ANGLAIS

Peter et le mystère du Headless Man
STÉPHANIE BENSON
SAINT STEPHEN (Angleterre)

Lilith et la vengeance du Dark Magician
STÉPHANIE BENSON
LONDRES (Angleterre)

Alex et le rêve de la New York Star
STÉPHANIE BENSON ET JAKE LAMAR
NEW YORK (États-Unis)

Hélène et les Disappearing Gamers
NICOLAS LABARRE
PARIS (France)

Lucas et la Chick Team
MAÏTÉ BERNARD
NASHVILLE (États-Unis)

Zoé et l'élixir of Eternal Life
HERVÉ JUBERT
BRIGHTON (Angleterre)

• ALLEMAND

Emma et la japanische Mangaka
ISABELLE COLLOMBAT
LEIPZIG (Allemagne)

Mathéo et la tolle Mädchen
MYRIAM GALLOT
FRANCFORT-LANDENBURG (Allemagne)

• ESPAGNOL

Benoît et la bande de los Moteros
MAÏTÉ BERNARD
IBIZA (Espagne)

Tournage al Alcázar de Sevilla
LAURENCE SCHAACK
SÉVILLE (Espagne)

Je suis un verdadero Argentino !
LAURENCE SCHAACK
BUENOS AIRES (Argentine)

/ 14-16 ANS / Dès la 3e-2nde-1re / B1 SEUIL

ANGLAIS

Hidden Agenda
CHRISTOPHE LAMBERT ET SAM VANSTEEN
SAN FRANCISCO (États-Unis)

La traversée du Time Tunnel
STÉPHANIE BENSON
EPSOM (Angleterre)

Dylan Dilemma
STÉPHANIE BENSON
NEW YORK (États-Unis)

Découvrez aussi... Tip Tongue JOURNAL

Des romans dessinés qui passent petit à petit en anglais.

8-10 ANS
DÈS LE CE2-CM1-CM2
A1 INTRODUCTIF

10-12 ANS
DÈS LE CM2-6e-5e
A1 DÉCOUVERTE

ET SI TOI AUSSI TU ÉCRIVAIS UN JOURNAL IN ENGLISH?

12-14 ANS
DÈS LA 5e-4e-3e
A2 INTERMÉDIAIRE

14-16 ANS
Dès la 3e-2nde-1re
B1 SEUIL

Loi n° 49-956 du 16 juillet 1949
sur les publications destinées à la jeunesse,
modifiée par la loi n° 2011-525 du 17 mai 2011.

Mise en pages : DV Arts Graphiques à La Rochelle
N° éditeur : 10278512– Dépôt légal : mars 2016
Achevé d'imprimer en octobre 2021
par Jouve-Print (53100, Mayenne, France)
OF d'impression : 2967081F

IMPRIM'VERT

FSC
www.fsc.org
MIXTE
Papier issu de
sources responsables
FSC® C022030